Gedichte

zum Besinnen und Nachdenken

Margot Schultz

Alle Rechte vorbehalten

Das Buch, einschließlich aller seiner Teile,
ist urheberrechtlich geschützt.
Kein Teil dieses Buches darf in irgendeiner Form (Druck, Mikrofilm,
Übersetzung oder einem anderen Verfahren) ohne schriftliche
Genehmigung der Herausgeberin reproduziert oder unter Verwendung
elektronischer Systeme gespeichert, verarbeitet, vervielfältigt oder
verbreitet werden.

Dezember 2017

Autorin: Margot Schultz
Fotos: Thomas Friesecke
Gestaltung, Layout und Druckvorlagen: Volker Schmidt
Korrektur: Barbara Schmidt
Herausgeberin: Margot Schultz

Herstellung und Verlag: BoD-Books on Demand, Norderstedt

Printed in Germany

ISBN: 978-3-7412-9778-6

Vorwort

Liebe Leser,

bevor Sie mit dem Lesen der Gedichte beginnen, möchte ich Ihnen noch einige Worte sagen.

Über viele Jahre traten in Abständen bei mir gesundheitliche Probleme auf. Erst nach Jahren fand man die Ursache der Beschwerden, die nur durch eine OP beseitigt werden konnten.
Nach dem Gespräch mit den Ärzten bekam ich Bedenkzeit für meine Entscheidung.
In der Nacht konnte ich nicht schlafen.
Meine Gedanken kreisten um das Gehörte vom Tag.
Wie sollte ich mich entscheiden?
Mit einem Mal spürte ich eine aufsteigende Angst und fing an zu beten.
Plötzlich kamen mir Wortgruppen und Sätze in den Sinn, die ich unbedingt festhalten wollte, da ich befürchtete, diese bis zum Morgen zu vergessen. Ich begann, auf dem Rand eines Flyers meine Gedanken zu notieren.

Im dunklen Krankenzimmer entstand so das erste Gedicht, das ich später "Vertraue Gott, er ist in dir" nannte. Es folgten mit der Zeit noch einige Gedichte, die ich in der Reihenfolge, wie sie entstanden sind, in diesem Buch zusammengetragen habe.

Ich wünsche Ihnen Freude beim Lesen und vielleicht finden Sie Anregungen und Erkenntnisse für sich selbst.

Vertraue Gott, er ist in dir

Du glaubst nicht mehr an die Zukunft,
du weißt nicht, wie's weitergeht,
du befindest dich am Wendepunkt,
der nach trüben Wassern strebt.

In dieser schweren Zeit,
flehst du den Himmel an,
eine Stimme sagt, dass sie dir helfen kann:

Geh einen anderen Weg,
der dir zeigt in der Ferne ein Licht,
er kann sehr steinig sein,
doch dein Engel lässt dich nicht im Stich.

Es kann dein Nachbar sein,
auch ein fremdes Gesicht,
füll dein Herz mit Liebe,
sonst erkennst du es nicht.

Geh auf andere Menschen zu,
verschließ' dich nicht,
denn ihre starke Kraft,
überträgt sich auch auf dich.

Hab den Mut und öffne deine innere Tür,
Menschen werden dich versteh'n,
das helle Licht wird weit, weit über Grenzen geh'n.

....

Du glaubst wieder an die Zukunft,
du weißt, wie es weitergeht.
Lernst du erst, mit dem Herzen zu sehn,
wirst du vieles auch versteh'n!

Mein Engel

Mein Engel kennt mich ganz genau,
er klopft an meine Tür:
„Lass Liebe in dein Herz hinein,
dann kann es nicht erfrier'n".

Er gibt mir Kraft auf meinem Weg,
egal, was ich auch tu',
sein helles Licht schenkt Wärme mir -
in mancher Abendruh'.

Er reicht mir stets seine Hand
und ist bei mir zu Gast.
Es ist, als hör' ich ein Gebet,
das mir nimmt meine Last.

Schlägt das Schicksal mir auch quer,
ich versuch, es zu versteh'n,
nur Liebe ist der Schlüssel,
um gestärkt hier rauszugeh'n.

Ja, ich danke meinem Engel,
der schützend über mich wacht,
der auch an schlechten Tagen,
mir gab die nötige Kraft.

Ja, ich danke meinem Engel,
für das schöne Geschenk,
auch soll er wissen,
dass ich oft an ihn denk.

Menschen, die nach dem Äußeren entscheiden

Es gibt Menschen,
die schauen dich von oben bis unten an,
hast du Gut und Geld,
dann bist du der Mann.

Sie wissen nicht,
was wirklich zählt,
die wahre Freundschaft,
die man für's Leben wählt.

Menschen, die nach dem Äußeren entscheiden,
sie wollen nur dein Glück mit dir teilen,
doch geht es dir schlecht,
dann wirst du's sehn,
sie ziehen sich zurück
und lassen dich ganz einfach steh'n.

Besinn dich

Menschen schaffen von früh bis spät
und merken gar nicht, was wirklich zählt.
Sie sind nie mit sich zufrieden,
das wahre Glück bleibt dabei liegen.

Sie fragen nicht, wie es anderen geht,
streben nur noch nach Gut und Geld.

Sie möchten nicht teilen,
warum soll es gescheh'n,
es reicht doch aus, wenn es ihnen gut geht.

Doch wehe dem, das Schicksal schlägt ein,
wer soll ihnen helfen?

Sie bleiben allein.

Sie fallen tief, niemand hält sie auf,

und darum denkt schon heute daran,
geteiltes Glück bringt doppelt viel dann.

Gesundheit

Man fragt sich oft,
was ist das Glück auf Erden?

Die Gesundheit!

Man kann nichts Schöneres erben.

Ist sie nicht da,
hat alles keinen Wert,
sie gibt uns die Kraft
und ist scharf wie ein Schwert.

Sie nimmt uns die Hoffnung
und lässt uns erblüh'n,
nur mit ihr wird es im Leben leichter geh'n.

Öffne deine Augen

Du schließt einfach deine Augen,
träumst von einer besseren Welt,
in der Menschen sich vertrauen,
dass es für ein Leben hält.

Du musst die Augen öffnen,
sonst kannst du sie nicht seh'n,
Menschen, die dich lieben und
für dich durchs Feuer geh'n.

Du brauchst sie nicht zu bitten,
sie führen nicht das große Wort,
sie schweigen und
ihre Taten folgen sofort.

Du wirst sie bald erkennen,
wenn auch du Vertrauen schenkst,
sie werden dich auffangen,
bevor du in dein Unglück rennst.

Menschen, die sich nahesteh'n

Menschen, die sich nahesteh'n,
die sich lieben unverseh'n,
streiten plötzlich um Nichtigkeiten,
jeder beharrt auf seinen Seiten.

Sie wissen oft nach Jahren nicht,
warum der Streit gekommen ist.
Sie senken den Blick, wenn sie sich seh'n
und sie könnten sich so gut versteh'n.

Jeder leidet auf seine Art,
sich zu vertragen, nein, das kommt nicht in Frag'
und doch wäre es so schön,
wenn alle wieder beisammensteh'n.

Du musst es wagen, diesen Schritt,
auf den anderen zuzugeh'n, dreh dich nicht zurück.
Du wirst seh'n, es glätten sich die Wogen,
auch der andere macht keinen Bogen.

Am Ende fragen sich beide dann,
warum haben wir gestritten und
ein Leben lang gelitten?

Bankhaie

Menschen arbeiten von früh bis spät,
sie sparen ihr Geld, soweit es geht.
Sie sorgen vor für schlechte Zeiten und
wollen ihren Lebensabend davon bestreiten.

Zur Bank gehen sie und glauben, hier ist alles klar,
doch die Höhe der Zinsen, die ist sehr rar.
Trotz allem schenken sie Vertrauen ihr,
denn das Geld anlegen, kann man nur hier.

Die Bankhaie, das wissen sie nicht,
sie warten auf jedes sinkende Schiff.
Sie pokern sehr hoch und geht es daneben,
dann sind es die Steuerzahler, die es beheben.

Menschen, die jeden Tag zur Arbeit geh'n,
müssen dann für diese Fehler gradesteh'n.
Gedanken machen sich die anderen nicht,
sie treiben ihr Spiel weiter und verlieren nicht
einmal ihr Gesicht.

Solange wir noch träumen

Der Mond spiegelt sich im Wasser
und es sieht romantisch aus.
Ich sitz unter der Weide und
komm' aus dem Staunen nicht mehr raus.
Ich greife nach den Sternen,
die ich nie erreichen kann ...
und fange in Gedanken zu träumen an.

Solange wir noch träumen,
solange leben wir
und sterben uns're Träume,
dann sterben auch wir.

In meinen Träumen scheint die Sonne jeden Tag,
Menschen haben Arbeit und gehen dieser nach.
Sie können sich versteh'n ohne Hass und Gewalt,
sie werden Sterne sehen, ohne dass man sie erreicht.

Solange wir noch träumen,
solange leben wir
und sterben uns're Träume,
dann sterben auch wir.

Ein friedliches Leben darf kein Traum für uns sein,
dafür müssen wir einsteh'n, sonst bleibt jeder allein.
Ich hoffe, dass aus Träumen Wahrheit wird,
dafür lohnt es sich zu leben, dass dieser Traum sich erfüllt!

Solange wir noch träumen,
solange leben wir
und sterben uns're Träume,
dann sterben auch wir.

Ein stürmischer Tag

Brausend treibt der Sturm die Wellen
an den weißen Strand.
Vögel fliegen mit dem Wind
bis an des Ufers Sand.

Blitzschnell ziehen dunkle Wolken
übers trockne Land.
Peitschender Regen fällt hernieder
und füllt die Bäche bis zum Rand.

Bald lichtet sich der Himmel,
die Sonne scheint mit voller Kraft.
In der Ferne der Regenbogen
zeigt sich viel schöner als gedacht.

Der Tag neigt sich dem Ende,
die Ruhe ist jetzt dein.
Des Mondes heller Schein
lädt nun zum Träumen ein.

Vertrau deiner Seele

Schenk deiner Seele **Vertrauen**,
du bekommst es tausendfach zurück,
nur sie wird dir verhelfen
zu deinem wahren Glück.

Schenk deiner Seele **Wärme**,
die uns die Sonne schickt,
öffne weit dein Herz,
dass nur die Liebe aus dir blickt.

Schenk deiner Seele **Ruhe**,
so wie sie es gerne hätt',
sie wird sich mit dir freu'n
und will nie wieder weg.

Schenk deiner Seele **Kraft,**
damit sie den Alltag besteht,
so könnt ihr ihn gehen,
euren gemeinsamen Weg.

Die Natur erwacht

Die Natur hat ihren Schlaf beendet,
der lange Winter ist vorbei,
die Sonne schickt ihre ersten Strahlen
und erwärmt die Erde dabei.

Eis und Schnee sind längst gewichen,
Wald und Wiesen sind erwacht,
der Frühling bringt uns seine Farben,
dass uns das Herze lacht.

Alles beginnt zu leben,
was im Winter geschlafen hat,
jeder freut sich auf die Sonnentage
und wird dieser nicht mehr satt.

Auch die kleinste Pflanze,
kämpft sich an das Licht,
können wir sie dann erblicken,
steht uns die Freude im Gesicht.

Vögel kommen aus dem Süden,
haben längst verlassen das Winterquartier,
sie bauen ihre Nester und
erwarten den Nachwuchs hier.

Es wird nicht lange dauern,
dann übergibt der Frühling seinen Stab
an die bunt blühenden Blumen und
an alles, was ich an dem Sommer mag.

Mein Schutzengel

Der Himmel öffnet seine Tür,
meinen Schutzengel schickt er zu mir,
auch wenn ich ihn nicht sehen kann,
schließ ich meine Augen,
und spüre seine Nähe dann.

Er bringt einen Hauch von Zärtlichkeit,
die Ruhe ist auf meiner Seit',
die Liebe, die er mir dann schenkt,
ich weiß, sie macht sich breit,
bis in alle Ewigkeit.

Sein helles Licht, das ich jetzt seh',
aus dem schöpf' ich die Kraft für meinen Weg,
der mir bestimmt, dass ich ihn geh'.

So sitz ich oft in stiller Ruh und stell mir vor,
mein Engel bist du.

Meine Seele geht auf Reisen

Meine Seele geht auf Reisen,
sie gibt sich einen Ruck,
sie möchte sich erholen
von all dem Alltagsdruck.

Sie erfreut sich an den bunten Blumen,
die wachsen in Wald und Flur
und auch das Streicheln des Sommerwindes,
bringt ihr Freude nur.

Sie wandert durch die Wiesen
und schaut den Schmetterlingen zu,
die tanzen harmonisch miteinander,
genau, wie ich und du.

Sie möchte Liebe empfangen,
damit sie Liebe geben kann,
das alles macht uns stark
für den Alltag dann.

Die Kraft für diese Gabe
schöpfen wir aus der Natur,
wir kommen gestärkt zurück,
dass ich dann sage, das ist Glück.

Eine Wanderung durch die Natur

Am Horizont zeigt sich die Sonne
wie ein roter Ball.
Ganz sachte kämpfen sich ihre Strahlen
durch des Nebels Fall.

Die letzten warmen Tage
breiten sich vor uns aus,
der Sommer zeigt noch einmal seine Kostbarkeiten
in einem bunten Strauß.

Wie von Zauberhand gesponnen
ziehen sich Fäden durch Wald und Flur,
große Freude bringt uns jetzt
eine Wanderung durch die Natur.

Kleine gläserne Kristalle,
die der Morgentau uns schenkt,
glitzern in der Sonne
wie ein Wunder, wenn ich daran denk'.

Langsam schließt der Sommer seine Pforte,
der Herbst übernimmt jetzt das Revier,
die ersten Blätter färben sich und
sagen, er ist hier.

Mein Herz, es nimmt die Liebe auf

Mein Herz, es nimmt die Liebe auf,
es freut sich über jeden Strauch,
über die Blumen, die überall blüh'n,
ich kann mich gar nicht satt daran seh'n.

Die Sonne, die ihre Strahlen uns schickt,
ich bin davon so entzückt,
weit öffne ich meine innere Tür
und lass all ihre Wärme hinein zu mir.

Ich möchte sie dann tragen weit hinaus,
zu allen Menschen, in jedes Haus.
Die Liebe, die ich kann geben dir,
sie öffnet auch für dich eine Tür.

Du lernst Menschen kennen,
die sich mit dir freu'n,
denn auch sie bleiben nicht gern allein.

So knüpfen wir ein starkes Band,
das nur durch die Liebe entstand.

Ein Stern geht gerade auf

Ein Stern geht gerade auf,
mein Stern beginnt seinen Lebenslauf,
ein Stern bist du für mich, mein kleiner Schatz.

Ich will all meine Liebe dir geben,
die mein Herz verschenken kann.
Ich weiß, sie wird für dich reichen
ein Leben lang.

Ich möchte dich beschützen
vor allem Schlechten der Welt,
doch du musst deine Erfahrungen machen,
damit du im Leben die Oberhand behältst.

Stell all deine Fragen,
ich will antworten dir,
werde immer dir helfen,
wenn ich die Macht hab' dafür.

Ein Stern geht gerade auf,
mein Stern beginnt seinen Lebenslauf,
ein Stern bist du für mich, mein kleiner Schatz.

Der Schneemann mit der roten Nase

Der Schneemann mit der roten Nase,
er lächelt alle Kinder an,
er fegt mit seinem Besen
und die Schneeflocken tanzen dann.

Schneemann, Schneemann,
alle Kinder lieben dich,
Schneemann, Schneemann,
du bringst auch Spaß für mich.

Und ist genug Schnee gefallen,
laufen die Kinder aus dem Haus,
sie rodeln mit dem Schlitten,
eine Schneeballschlacht wird bald draus.

Und scheint die Sonne etwas wärmer,
dann sagt er, ich muss geh'n,
er weiß, im nächsten Winter,
werden wir uns wiederseh'n.

Schneemann, Schneemann,
alle Kinder lieben dich,
Schneemann, Schneemann,
du bringst auch Spaß für mich.

Mein Engel reicht mir seine Hand

Mein Engel reicht mir seine Hand,
wir geh'n ein Stück zu zweit,
er will mir zeigen meinen Weg,
dass er nicht immer eben bleibt.

Es wird alles so passieren,
wie das Schicksal es gedacht,
doch mein Engel wird mich führen,
dass ich die steinigen Wege schaff.

Diese Zeit, sie wird mich prägen,
ich kann alles besser seh'n,
viel mehr Liebe kann ich geben
und andere Menschen versteh'n.

Ich werd' meinen Engel bitten,
dass er mein Weggefährte bleibt,
er wird mich stets behüten,
in jeder schweren Zeit.

Die Natur, sie kann uns so viel geben

Die Natur, sie kann uns so viel geben,
wir wollen von ihr lernen, sie zu versteh'n,
wir müssen im Einklang mit ihr leben,
bevor ihre Zerstörung kann gescheh'n.

Sie zeigt uns ihre gewaltigen Kräfte,
die wir durch Stürme und Hagelschläge seh'n,
sie lässt kleine Bäche ruhig fließen
und auch reißende Fluten daraus entsteh'n.

Sie hält noch viele Schätze verborgen,
die wir noch nicht kennen in Wald und Flur,
kommt die Zeit, wird sie sich dafür öffnen,
um uns zu helfen nur.

Wir müssen sie pflegen und schützen,
damit das Schlimmste nicht wird gescheh'n,
sie würde mit großen Schäden davonkommen,
doch würden wir es auch übersteh'n?

Glaub' an das Gute im Menschen

Du darfst den Glauben
an die Menschen nicht verlieren,
auch wenn einige denken,
es kann ihnen nichts passieren.

Statt zu helfen und zu schützen,
geben sie noch etwas „auf die Mützen".

Doch eines müssen sie versteh'n,
und das ist gewiss,
auch ihr Lebensweg bekommt einen Riss.

Die Sonne wird nicht immer scheinen,
auch sie müssen einmal Klippen besteigen.

Es wird nicht geh'n,
wie sie es gedacht,
das Schicksal bestimmt,
wie's wird gemacht.

Sie fallen, so tief wie es geht,
erst jetzt merken sie,
dass das Rad sich auch dreht.

Sie können das Gescheh'ne
nicht ungeschehen machen,
doch in ihrem Leben
werden sie über andere Menschen nicht mehr lachen.

Ein Tag im Sommer

Die Sonne taucht ins Wasser ein,
sie tanzt mit den Wellen, es könnt' nicht schöner sein,
sie spiegelt sich so wunderbar,
Gold und Silber nehm' ich wahr.

Am Horizont die weißen Segel,
aufgeblasen durch den Wind,
tragen sie die Boote,
wie durch einen Zauber, sehr geschwind.

Möwen steigen in die Lüfte,
sie kreischen und schreien bei diesem Spiel,
schon lassen sie sich fallen und
jagen im Wasser nach ihrem Ziel.

Am Ufer die großen Weiden,
sie wiegen sich im Wind,
durch ihren rauschenden Gesang,
schlaf ich ein, wie ein Kind.

Der Tag verliert bald seine Kraft,
der Abend bricht herein.
Des Mondes Schein lädt uns jedoch
zu einem traumhaften Bild noch ein.

Prüfungen des Schicksals

Das Schicksal legt dir Prüfungen auf.
Was heute ist gescheh'n, du bist traurig
und kannst es nicht versteh'n.

Warum gerade du,
musst alles Schlechte erfahren
und auf deinem Weg Leid ertragen?

Deinen Lebensweg musst du nicht
auf das Heute beschränken,
das Schicksal kann dir noch
so viel Schönes schenken.

Was heute schlecht,
das kann sich morgen dreh'n
und dann wirst du alles besser versteh'n.

Du wirst auf die sonnige Zeit vorbereitet,
bis dahin kommt noch ein steiniger Weg,
der dich leitet.

Danach kannst du vieles besser ertragen,
du wirst das Leben lieben
und nicht mehr verzagen.

Erkenne dein Glück

Schau nach vorn und nicht zurück,
die Zukunft wird dir die Antwort geben
auf die Frage nach dem Glück.

Du musst es nicht erst suchen,
lass alles nur gescheh'n,
das Glück, es wird dich finden
und dir beiseitesteh'n.

Geh sorgsam deinen Weg,
gib der inneren Wärme ihren Lauf,
erfreu' dich an der Natur
und nimm alles Schöne auf.

Du wirst es schon bald spüren,
brauchst gar nicht weit zu geh'n,
es steht vor deiner Tür,
du musst es nur noch seh'n.

Menschen, die dich lieben,
die alles für dich tun,
die solltest du erkennen,
dann wird das Glück für dich
niemals mehr ruh'n.

Das Schiff des Lichts

Das Schiff des Lichts bringt dir die Hoffnung,
egal, was auch geschieht,
es findet immer seinen Hafen,
weil seine Fracht mit Liebe sich umgibt.

So kommt es auch in ferne Lande,
kein Sturm, kein Regen hält es auf,
die Liebe sucht nach starken Banden
und findet stets den Weg nach Haus.

Nimm all deine Wärme,
die dir auf diesem Weg entgegenkam,
verschenke sie dann an die Menschen,
die das helle Licht noch niemals sah'n.

Hör' auf die Stimme deines Herzens
und öffne weit deine innere Tür,
hast du die Liebe erst gesät,
wird keine Kraft und Macht es schaffen,
dass dieses Schiff je untergeht.

Der Herbst

Bunte Blätter an den Bäumen,
sie tanzen mit dem Wind ganz sacht
und fallen sanft zu Boden,
denn Eis und Schnee hat bald die Macht.

Die Sonne zeigt noch einmal ihre Kräfte,
es schimmert herrlich in Wald und Flur,
jetzt können wir nur noch staunen,
was sich tut in der Natur.

Eicheln und Kastanien
sammeln die Kinder mit Freude geschwind.
Die vielen Drachen steigen
immer aufwärts mit dem Wind.

Auch der Herbst hat seine Zeit,
er lässt unsere Herzen erfreu'n,
doch seine Arbeit ist begrenzt,
da das Eiskristall bald in der Sonne glänzt.

Gib dir eine Chance

Gib dir selber eine Chance,
lass alles Dunkle zieh'n,
nimm dein Leben in die Hand,
es wird weitergeh'n.

Verzage nicht beim ersten Sturm,
hab Vertrauen zu dir selbst,
du hast noch so viel Kraft,
die du noch gar nicht kennst.

Mach dich frei von all den Sorgen,
setze deine Stärke ein,
Freunde werden helfen,
sie lassen dich jetzt nicht allein.

Durch die Macht der Liebe,
stehen sie zu dir,
kein Zweifel kommt da auf,
dass ihr gemeinsam geht
den schmalen Pfad zum Wir.

Du hast ihn wiedergefunden,
deinen Weg, den du gehen musst,
das ist der Weg zu dir selbst,
ihn zu verlieren wäre ein schwerer Verlust.

Leg deine Träume nicht in Ketten

Leg deine Träume nicht in Ketten,
sie schweben dir weit voraus,
sie lassen dich in die Zukunft seh'n,
was heute noch unvorstellbar ist, zu versteh'n.

Sie fliegen in die Ferne,
die du längst nicht begreifst,
doch es kommt der Tag,
wenn alles ist gereift.

So öffne deine Augen
und setz all deine Kräfte ein,
es kommt die Zeit,
dann werden deine Träume für dich Wahrheit sein.

Weihnachten bin ich zu Haus

Graue Wolken ziehen dicht am Himmel,
schneebedeckt ist schon das Land,
Kinderherzen schlagen höher,
denn es weihnachtet schon bald.

Weihnachten bin ich zu Haus,
ein ganzes Jahr war ich fort,
doch darauf gab ich mein Wort,
Weihnachten bin ich zu Haus.

Und ich hör schon die Glocken klingen von fern,
seh' am Himmel den goldenen Stern,
freu' mich auf Menschen, die ich lange nicht sah,
Weihnachten bin ich wieder da.

Tannenduft in allen Räumen,
Mutters Plätzchen steh'n bereit,
jetzt beginnt die schöne Zeit,
auf die ich lange mich gefreut.

Weihnachten bin ich zu Haus …

Es ist schön, dass wir dann alle
einmal wieder beisammen sind
und beim hellen Licht der Kerzen,
strahlt der Stern von Bethlehem.

Freude auf den Gesichtern,
jetzt ist der Weihnachtsmann bald da,
entschädigt uns für alles,
was uns gefehlt hat schon ein Jahr.

Schön war es Weihnachten zu Haus,
ein ganzes Jahr bin ich wieder fort,
doch beim Abschied gebe ich mein Wort,
Weihnachten bin ich zu Haus.

Meine Gedanken finden den Weg zu dir

Meine Gedanken finden den Weg zu dir,
der mich lenkt und leitet, jetzt und hier.

Er schickt seine Gefährten nach mir aus,
die mich sicher führen auf dem Pfad nach Haus.
Auch wenn die Dunkelheit mich betrübt,
sein helles Licht weist mir immer den richtigen Weg.

Er verteilt Liebe,
das ist das schönste Geschenk,
denn nur **sie** ist die stärkste Macht der Welt.

Sie gibt uns Hoffnung
und lässt uns erfreu'n,
öffnet weit unsere Herzen
und schickt Wärme hinein.

Dieses Gefühl, es hat eine Kraft,
die uns nimmt jeglichen Hass.
Sie lässt nur das Schöne in uns erblüh'n,
so finden wir Freunde, die mit uns geh'n.

Unseren Weg werden wir gemeinsam schaffen,
uns helfen und schützen und nicht mehr ermatten.

Die Nacht hebt langsam ihren Schleier

Die Nacht hebt langsam ihren Schleier,
der Morgen zeigt sein Dämmerlicht,
die Sonne verdrängt ganz sacht mit ihren Strahlen
des Mondes glänzendes Gesicht.

Sie erhebt sich aus den Wolken,
durch ihr helles Licht zerfällt des Nebels Dunst,
wir öffnen weit unsere Herzen,
denn der Sonnenaufgang verzaubert uns.

Gebannt sehen wir der Sonne entgegen,
sie begibt sich sicher auf ihren Weg,
wärmende Strahlen schickt sie uns hernieder,
von ihrer Bahn, die sie nach Süden geht.

Dort zeigt sie ihre gewaltigen Kräfte
und nimmt nach Westen ihren Lauf,
mit ihren glutroten Farben am Himmel
bietet sie hier noch einmal alles auf.

Das Wolkenbett im Norden
lässt nichts mehr von ihr seh'n,
in der Dunkelheit werden bald
Mond und Sterne steh'n.

Verzeihen

Kannst du verzeihen,
wirst auch du dich schützen,
kein giftiger Pfeil wird dich je mehr treffen
und anderen nützen.

Du lässt alles Dunkle in dir verschwinden,
durch die Wärme im Herzen
wirst du dein Glück wiederfinden.

Keine Stunde wird mehr bestimmt
von deiner schweren Last,
es begleitet dich die Liebe
und nicht mehr der Hass.

So findest du deine innere Ruhe wieder,
die Tage sind viel schöner und intensiver,
du schaust zufrieden in die Welt,
nun ist es so, wie es dir gefällt.

Du kannst wieder lachen und Freude geben
und bekommst auch die Lust am Leben.

Du hast jetzt verstanden, was das Verzeihen bewirkt,
es hat eine Macht, wie die Liebe, die niemals stirbt.

Wir sind Gäste auf der Erde

Eines müssen wir begreifen,
uns gehört die Erde nicht,
doch wir Menschen bewegen uns so,
als wäre das die falsche Sicht.

Wir beuten sie aus, für Macht und Geld,
nicht weil wir ihre Schätze zum Leben brauchen,
oft nur, weil es uns gefällt.

Das Schlimme ist, dass viele es nicht seh'n,
die Zeit bewegt sich weiter und
bleibt nicht steh'n.

Auch unser Lebensweg, er ist begrenzt,
wir bekommen keine zusätzliche Zeit geschenkt.

Lasst uns wie Gäste auf der Erde leben,
weil wir es hier und heut' nur sind,
denkt an unsere Kinder,
deren Lebenslauf jetzt erst beginnt.

Das Glück vergisst dich nicht

Du glaubst oft,
du wirst vom Glück vergessen,
nur dunkle Wolken zieh'n an dir vorbei.
Such' die leuchtenden Strahlen der Sonne,
sie werden dir helfen,
dann bringt dich keiner mehr zu Fall.

Öffne dich für ihre Kräfte,
sie gibt dir Wärme, du wirst nicht mehr frier'n.
Deine Augen funkeln aus der Ferne, wie Sterne,
jeder sieht dein Glück und wird es spür'n.

Diese Macht hat nur die Liebe,
die du bringst von Herz zu Herz,
das heißt nicht, du musst dich immer fügen, nein,
dann spürst du nur den Schmerz.

Wecke deine schlafenden Kräfte,
sie werden dir helfen, den richtigen Weg zu seh'n,
verbunden mit der Liebe,
wirst du keinen Fehltritt geh'n.

Vertrauen

Kannst du Vertrauen schenken,
bist du vielen Menschen ein Stück voraus,
du lässt dich von deinem Gefühl lenken
und warnen, wenn jemand es missbraucht.

Hör auf deine innere Stimme,
enttäuschen wird sie dich nie,
lerne, was sie dir zu sagen hat,
sie meint es mit dir ehrlich, nur sie.

Mit ihr wirst du erkennen,
dass man Vertrauen nicht einfach verschenkt,
schau' den Menschen in die Augen und
dein Herz, es lenkt.

Hast du es erst gefunden, pflege es,
keine Zweifel sollen mehr aufgeh'n,
denn Vertrauen ist was Großes,
lass immer es in dir besteh'n.

Heiligabend

Der Tag neigt sich dem Ende,
die Dunkelheit zeigt ihr Gesicht,
die Sterne schimmern schon am Himmel
und auch der Mond schickt uns sein Licht.

Ganz leise tanzen kleine Flocken
und fallen bald zur Erde sacht,
wie ein Edelstein funkelt jetzt die weiße Pracht.

Sie hat uns längst verzaubert
in dieser stillen Nacht,
es ist die Zeit der Weihnacht,
die uns heut' nachdenklich macht.

Überall im Lande
kehrt jetzt die Ruhe ein,
wir sehen strahlende Kinderaugen,
unsere Freude kann nicht größer sein.

Weit öffnen wir unsere Herzen,
dass jeder es spüren kann,
es ist die schönste Zeit des Jahres,
der Heiligabend dann.

In der Ferne läuten hell die Glocken,
sie stimmen in unser Gebet mit ein
und wollen uns sagen, so friedlich,
wie am Weihnachtsabend, sollte es immer sein.

Du hüllst mich ein in Liebe

Du hüllst mich ein in deiner Liebe,
gibst mir die Kraft,
die ich stets brauch'.
Stärke, die ich durch dich spüre,
erhellt den Tag durch dichten, grauen Rauch.

Ich kann so meinen Alltag meistern,
die Hilfe, die du mir gibst, ist rein,
sie lässt alles Licht in mir erstrahlen,
dabei werd ich nie einsam sein.

Ich möchte diese Liebe teilen,
nicht nur mit Menschen, die mir nahesteh'n,
kommt die Zeit, will ich sie allen zeigen
und jeder wird mich dann versteh'n.

Fehler eingestehen

Schöpfe aus der Quelle des Lebens,
sie bringt dir Wissen und die Kraft,
dass du auf deinem Wege
nur wenige Fehler machst.

Sie gibt dir die Weisheit und
du wirst es versteh'n,
wenn du bereit bist,
Fehler bei dir zu seh'n.

Stehe dazu, wenn du sie gemacht,
du kannst Menschen in die Augen seh'n
und stellst fest,
dass keiner darüber lacht.

Es ist eine Stärke,
die dir nur Achtung einbringt,
denn Fehler einzugestehen,
ist nicht jedermanns Ding.

Tränen der Hoffnung

Zu viele Tränen sind bis heut' geflossen,
könnten wir sie sammeln,
würde ein Meer daraus entsteh'n.
Unfassbar, wie viel Leid ist dann wohl schon
auf dieser Welt gescheh'n.

Schenke anderen Menschen etwas Vertrauen und
ein bisschen von deiner Zeit,
schon wirst du bald erkennen,
dass die Hoffnung auf ein lebenswertes Leben
in uns allen reift.

Leisten alle einen Beitrag und
ist er noch so klein,
könnte es doch noch gescheh'n,
dass wir eines Tages viel mehr Freudentränen seh'n.

Der Sturm

Die dunkle Nacht ist eingekehrt,
gespenstisch ihr Gesicht,
ganz leise singt der Wind sein Lied,
bis dann der Sturm losbricht.

Schon rüttelt er an jedem Strauch,
vor keinem Baum macht er mehr halt,
egal, was sich ihm entgegenstellt,
deren Kräfte schwinden sehr bald.

Heftig fegt er übers Land,
bis er das Meer erreicht,
gewaltig tanzen die Wellen jetzt,
hierfür gibt's keinen Vergleich.

Auch seine Macht lässt langsam nach,
er legt sich sanft zur Ruh',
kein Blatt bewegt sich mehr am Zweig,
er ist verschwunden schon im Nu.

Das verlorene Lachen

Vieles hast du auf deinem Weg erfahren,
doch einiges konntest du nicht mehr ertragen.
Schnell war das Lachen von dir verschwunden,
auch im Licht der Sonne hast du es nicht wiedergefunden.

Du machst das, was andere Menschen woll'n,
doch dein eigenes Ich bringst du dabei nicht ins Rollen.
Du kannst es nicht finden und es wäre so schön,
wieder lachend durchs Leben zu geh'n.

Tu' einfach das, was dein Herz erhellt,
was dir Freude macht,
ohne dass du dich verstellst.
Du kennst deine Stärken, sie schlummern in dir, wecke sie,
dann ist dein Lachen bald wieder hier.

Der Glaube versetzt Berge

Der Glaube versetzt Berge,
diese Worte hast du schon oft gehört,
ohne zu wissen,
was sich dahinter verbirgt.

Du bist überzeugt,
dass es mehr gibt als wir seh'n,
auf deinem Weg ist dir einiges begegnet,
was du nicht konntest versteh'n.

Lass dich ein auf diese Liebe,
sie bringt dir Ruhe,
die du dringend brauchst.
Du findest dein inneres Gleichgewicht wieder,
wenn du nur auf sie vertraust.

Heut' setzt du deine Stärke,
die dir gegeben wurde, ein.
Deine Seele wird dir danken,
nichts kann für dich schöner sein.

Du wirst schon bald erkennen,
was dein Wille bewirkt in dir,
verliere nie deinen Glauben,
denn er ist viel stärker noch als wir.

Der Neid

Was ein anderer besitzt,
auch du musst es haben,
schon ist der Neid da,
du wirst ihn nicht mehr begraben.

Er nagt in dir,
du kannst nicht mehr schlafen,
er hat eine Macht,
sie bringt dich in keinen sicheren Hafen.

Beachte ihn nicht,
lass ihn einfach liegen,
denn mit deinem Willen
schaffst du es, ihn zu besiegen.

Harmonie

Der Tag legt sich langsam nun zur Ruh',
Freude löst es in dir aus,
Zufriedenheit und Liebe
machten sich breit in deinem Haus.

Den Kindern wünscht du eine gute Nacht
und schaust noch einmal zu ihnen,
wenn sie die Augen haben längst zugemacht.

Dein Tageswerk hast du vollbracht,
schöpfst jetzt die Kraft und Ruhe
für den nächsten Tag.

Auch der Schlaf, er ist bald dein,
Harmonie kann doch nicht größer sein.

Du bist der Antrieb

Du bist der Antrieb in meinem Leben,
bist der Motor, den ich brauch,
und lieg ich wirklich mal am Boden,
hebst du mich ganz einfach auf.

Bald lässt du mich erfahren,
was wirklich wichtig ist,
die Zuversicht kommt herein und
ich erkenne, dass du es bist.

Durch dich bin ich zufrieden,
kann lachen und mich freu'n,
vor ein bisschen Ehrgeiz werde ich mich
auch nicht scheu'n.

Nicht Gut, noch Geld und Macht
bleiben im Leben besteh'n,
du zeigst mir den Weg der Liebe,
der mir Türen öffnet,
die ich heut noch nicht kann seh'n.

Die Sonnenfinsternis

Der Frühling schickt uns einen Gruß,
es ist ein Tag wie aus einem Bilderbuch,
die ersten Blumen zeigen sich
und die Sonne scheint uns ins Gesicht.

Auch den Tieren gefällt der Sonne Macht,
die Vögel, sie zwitschern ihr Lied mit voller Kraft
und fliegen hoch oben von Baum zu Baum,
wir können dabei in unsere Herzen schau'n.

Plötzlich ist alles still in der Natur,
ein dunkler Schleier zeigt sich nur.
Die Sonne, sie schickt uns nun ein Licht,
das ihre Helligkeit jetzt einfach bricht.

Für eine kurze Zeit schiebt sich der Mond –
vor die Sonne, die doch am Tag hier wohnt.
Ein Naturereignis, das wir nicht oft erspäh'n,
es dauert Jahre, bis wir es erneut können seh'n.

Die Temperatur verändert sich für diesen Moment,
bis die Sonne uns ihr Licht wieder schenkt.
Wir halten unseren Atem an und wissen nun,
was sie uns alles geben kann.

Die Angst

Die Angst soll nie dein Begleiter sein,
sie hüllt dich nur im Nebel ein,
du wirst keinen klaren Gedanken fassen und
kannst dann nicht mehr von diesem lassen.

Gib der Angst in dir keinen Platz,
sie nimmt dir die Freude,
egal, was du machst.

Liebe mag immer in dir erblüh'n,
sie verdrängt die Angst,
die dann von alleine wird geh'n.

Lebe dein Leben

Lebe dein Leben jeden Tag,
das heißt nicht, du hast immer nur Spaß,
auch deine Pflicht, die solltest du erkennen
und nicht einfach beiseite drängen.

Lebe es so, dass du es verstehst,
nicht, wie es andere von dir erwarten,
dann geht es dir schlecht und
du wirst dich selber verraten.

Verschenke die Liebe,
die du in dir trägst,
es bereitet dir Freude,
denn du spürst, dass du lebst.

Freund und Ratgeber

Nicht die Arbeit allein
sollte dein Leben sein.
Es hat so viel Schönes im Gepäck,
wenn du nicht läufst vor dir selber weg.

Deine Kinder, sie sind noch klein,
ihr Lebensweg sollte auch ein Stück
von deinem sein.

Du gibst deine Erfahrungen an sie weiter,
sie lernen von dir
und das stimmt dich sehr heiter.

Auch, dass sie Fehler machen,
werden sie versteh'n, du bist ja da,
dass sie den richtigen Weg können geh'n.

Sind sie erwachsen,
wirst du ihr Freund und Ratgeber sein,
doch entscheiden müssen sie jetzt allein!

Vollmond

In der Dunkelheit schickt uns der Mond sein Licht,
er hängt in jedem Baum, im Meer,
hier spiegelt er dann sein Gesicht und
tanzt mit den Wellen … wie im Traum.

Millionen Sterne begleiten ihn,
wir stehen wie gebannt.
Dem Funkeln hoch am Himmelszelt
haben wir uns zugewandt.

Nichts Schöneres können wir heut' erblicken
in dieser wolkenlosen Nacht,
wir sagen danke für das,
was die Natur uns alles hat gebracht.

Verloren und wiederfinden

Die Liebe sollte euch immer begleiten,
ihr wolltet euch hilfreich beiseitesteh'n,
doch plötzlich habt ihr euch verloren,
ohne zu wissen, was wirklich ist gescheh'n.

Jeder sucht nach seinen Fehlern,
kann sie sich auch eingesteh'n,
doch mit dem anderen zu reden,
diesen Schritt will keiner geh'n.

Nur mit Achtung und Verständnis
ist eure Liebe nicht in Gefahr,
könnt ihr auch Vertrauen schenken,
ist ein nettes Wort bald wieder da.

Diesen Pfad, den müsst ihr pflegen,
um des Schicksals Prüfungen zu besteh'n,
mit viel Licht in eurem Herzen
könnt ihr gemeinsam in die Zukunft seh'n.

Unrecht

Bevor du Unrecht lässt gescheh'n,
such' einen Weg, den du kannst anders geh'n!
Kommt die Einsicht, kann es oft zu spät sein,
du trägst eine Last und bist ganz allein.

Höre schon heut', was dein inneres Gefühl dir sagt,
was hat einen Sinn und was macht dich stark.
Nicht durch das Unrecht wirst du Zufriedenheit finden,
sieh mit den Augen der Liebe,
nur die lassen sich mit dem Glück verbinden.

Nimm diese mit in dein Boot,
durch sie weißt du immer, wenn Unrecht droht.
Es lässt sich vieles lindern,
sie zeigen dir,
wie du das Unrecht kannst verhindern.

Schmerz

Keinem zeigst du deinen großen Schmerz,
du lächelst und machst immer einen Scherz.
In dein Inneres lässt du niemanden schau'n,
warum auch, du willst den Menschen nicht mehr vertrau'n.

Doch nicht alle meinen es mit dir schlecht,
schenk ihnen ein Wort, sie haben darauf ein Recht.
Sie werden dir helfen, dass du dich wiederfindest
und nicht alles mit deinem Schmerz verbindest.

Du musst nicht immer dein Lachen zeigen,
auch deine Traurigkeit kannst du mit Menschen,
die dich lieben, teilen.
Bald wird die Zeit für dich vieles lindern,
mit viel Liebe im Herzen kann das keiner verhindern.

Schau dich um auf dieser Welt

Schau dich um auf dieser Welt,
du wirst vieles entdecken,
was dein Herz erhellt.
Doch schaust du tiefer,
dann wirst du seh'n,
dass auch Unrecht ist gescheh'n.

Einige Fragen stellen sich daraus,
du suchst nach der Antwort und
kommst nicht drauf.
Es wollen alle nur in Frieden leben,
warum können wir uns das nicht geben?

Wir Menschen haben es in der Hand,
wie wir miteinander umgehen,
das hast du bald erkannt.
Das helle Licht in dir kann vieles schenken,
was du daraus machst,
das kannst nur du alleine lenken.

Die Liebe ist die stärkste Macht

Die Liebe ist die stärkste Macht,
denkst du darüber nach,
weißt du,
diese Einsicht kam nicht über Nacht.

Sie schlummert tief in deinem Herzen,
auch wenn du glaubst, sie ist nicht da,
lass es zu, dass sie erblüht und dann
nimmst du sie auch wahr.

Sie verändert dein Bewusstsein und
auch deine Schaffenskraft,
sie schenkt dir so viel Freude und
gibt dir, dass du wieder lachst.

Dieses Wunder vollbringt die Liebe,
du vermisst sie jetzt schon sehr,
lass sie immer in dir wachsen,
dann verlierst du sie nie mehr.

Alleinsein

Du gehst deinen Weg stets geradeaus,
schaust nach vorn,
niemand hält dich auf.
Du kennst dein Ziel und
willst es erreichen,
kein Berg ist zu hoch,
du wirst keinen Schritt weichen.

Heute glaubst du, angekommen zu sein
und stellst dabei fest,
du bist ganz allein.
Was andere Menschen bewegt,
das nimmst du nicht wahr,
egal, was passiert,
du bist nie für sie da.

Auf dein eigenes Ich
warst du stets bedacht,
Freunde kamen nie in Betracht.

Plötzlich stellst du für dich fest,
das wahre Glück hast du nie gefunden,
doch mit dem Alleinsein bist du jetzt fest verbunden.

Arbeite daran,
einiges besser zu machen.
Mit viel Liebe im Herzen
wirst auch du es schaffen.

Der Sommer

Der Sommer öffnet seine Tür,
ganz sacht ist es gescheh'n,
die Vielfalt seiner Farben
bekommen wir jetzt jeden Tag zu seh'n.

Schon hat er uns verzaubert
mit seiner Blütenpracht,
was diese uns heut' schenkt,
hält all unsere Sinne wach.

Ich lieg' verträumt auf einer Wiese,
schau den Wolken zu,
meine Gedanken fliegen hin und her
und sind bei dir im Nu.

An den lauen Sommerabenden
kehrt noch lange nicht die Ruhe ein,
Grillen zirpen laut im Chor
und wir freuen uns auf den nächsten Morgen,
wenn die Sonne scheint, wie am Tag zuvor.

Die Liebe als dein Geschenk

Nimm mich fest in deine Arme,
lass es mich auch spür'n,
dass ich weiß, an schlechten Tagen
bist du da und wirst mich führ'n.

Du gibst ab von deiner Liebe
und schenkst mir die Kraft,
dass ich meinen Alltag
auch mit Freude schaff.

Mit den Menschen, die mir begegnen,
möchte ich teilen dein Geschenk,
so wie es in den Wald hineinruft,
schallt es zurück, das immer bedenk.

Größe zeigen

Größe zeigen heißt nicht,
den anderen zu treten,
wenn er längst schon am Boden liegt,
richte ihn auf,
weil er jetzt deine Hilfe dringend braucht.

Geh auf ihn zu, dass er an dir nicht zweifeln muss,
deine Ehrlichkeit wird er schätzen
und mit den richtigen Worten
kannst du ihn nicht verletzen.

Hast du dich geirrt und
dein Vorsatz bricht,
für eine gute Sache
verlierst du nie dein Gesicht.

Staunen wirst du,
was Verständnis und Achtung bewirkt,
denn kannst du Größe zeigen,
wird dein Ansehen nur noch steigen.

Das Schicksal

Dein Schicksal trickst du niemals aus,
auch wenn du glaubst, du hast die Kraft,
du kannst ja alles selbst entscheiden,
was du heute tust und morgen nicht mehr machst.

Dabei versuchst du oft,
den leichten Weg zu suchen,
ob er der richtige ist,
das kannst du erst am Ende für dich buchen.

Bald stellst du fest,
deiner Bestimmung kannst du nicht entgeh'n,
die Umwege sind kein Zufall,
die musstest du besteh'n.

Dadurch hast du schlechte Zeiten erfahren,
doch heute lernst du das wahre Glück schätzen
und wirst es immer bewahren.

Bestimmung

Viele Bücher hast du schon gelesen,
fremde Länder auch bereist,
andere Kulturen lerntest du kennen, überzeugt,
dass alles noch nicht reicht.

Du warst immer auf der Suche,
weißt bis heut' nicht, was es ist,
jeden Tag lernst du dazu
und erkennst nicht, wer du bist.

Glaubst du einmal angekommen,
stellst du fest, du bist noch lange nicht am Ziel.
Den Stein der Weisen hast du nicht gefunden,
doch den Hilferuf von Menschen,
und der bedeutet dir sehr viel.

Du wirst schnell davon ergriffen,
diesen Weg bis zum Ende zu geh'n,
mit viel Liebe im Herzen
kannst du deine Bestimmung darin seh'n.

Denk nicht nur an dich

Die Welt ist voll von schönen Dingen,
ob im Osten, Süden, in West und Nord,
wenn du sie siehst, könntest du laut singen,
dieser Reichtum, ja, er bricht jeden Rekord.

Es ist das, was du gern möchtest,
doch öffnest du das große Tor,
siehst Menschen, die in Armut leben
und ein Staunen kommt hervor.

Jetzt türmen sich die vielen Fragen,
wie kann es sein,
die Natur hält für uns alle ihr Geschenk bereit,
jeder könnte davon leben,
doch denkst du nur an dich, dann gibt es Streit.

So öffnet eure Herzen,
dass man die Liebe darin kann seh'n,
gebt ab von eurem Überfluss,
dann wird ein wundervolles Leben
überall entsteh'n.

Verliere nicht deinen Weg

Verliere nicht deinen Weg,
den du aus deinem tiefsten Inneren gehst,
ist er auch der richtige und
wo führt er dich hin,
wenn du nicht nach dem Wind dich drehst?

All diese Fragen kommen dir in den Sinn,
wirst nachdenklich und auch ganz still.
Du brauchst doch nur zu wählen,
schlägst du nach rechts oder nach links die Richtung ein.
Die Zukunft wird dir zeigen,
ob auch der Weg geradeaus
der richtige könnte gewesen sein.

Du selbst musst es entscheiden,
und wird ein Umweg für dich draus,
dein Schicksal kannst du niemals meiden,
dein Herz zeigt dir die Richtung auf.

Du kannst keine Liebe geben

Du kannst keine Liebe geben,
glaubst, du bist nicht dazu gebor'n,
doch dein Herz sagt dir was anderes,
ohne sie wärst du verlor'n.

Deine Gefühle willst du keinem zeigen,
kehrst nach außen deinen harten Kern,
lässt deine Seele im Eis erfrieren
und sie hätte doch die Wärme gern.

Das Lieben wirst du nicht erlernen,
es ist ein Gefühl, das dich beflügeln kann,
du siehst alles mit anderen Augen
und es macht dich sanfter dann.

Sei bereit, dich ihr zu öffnen,
nimm das helle Licht tief in dir auf,
lass es zu, geliebt zu werden,
dann kannst du es sicher auch.

Träume

Verzichte nicht auf deine Träume,
durch sie wirst du erst richtig stark.
Sie lassen dich erleben,
was du noch alles so vermagst.

Bald wird der Wunsch in dir erwachen,
dass ein Traum auch Wahrheit wird,
all deine Kräfte setzt du ein,
dass dieser nicht im Sande stirbt.

Wird sich nicht alles so erfüllen,
wo du hast immer nach gestrebt,
doch eines wirst du bald erkennen,
solange du noch träumst, auch lebst.

Sei stark

Sei stark für jeden Augenblick,
auch wenn die Kräfte wollen entflieh'n,
dein Schutzengel, er weiß Bescheid,
wird stets beiseit' dir steh'n.

Lass keine Angst dein Herz verdunkeln,
das Sonnenlicht begleitet dich,
Liebe wird die Seele stärken,
du kennst den Weg deines Schicksals nicht.

Genieße jede Jahreszeit,
sammle Kräfte, die du brauchst,
deine Seele wird dir danken,
du, mach das Beste draus.

Trenn dich von der Vergangenheit,
viel Neues steht bereit,
du musst dich nur entscheiden,
eine Tür schließt sich
und die andere öffnet sich weit.

Die Natur tanzt

Die Natur macht sich zum Tanz bereit,
goldgelb schimmert bereits ihr Kleid,
die Blätter fallen schon ganz sacht
und der Wind, er bläst mit voller Kraft.

Jetzt hält es kein Blatt mehr am Baum,
zum Schweben benötigen sie jeden Raum,
sie wehen dahin und machen es sich leicht,
denn bald haben sie den Boden erreicht.

Hier bleiben sie liegen und sind bereit,
sie geben der Erde ein wärmendes Kleid,
vor Frost und Kälte schützen sie hier,
sie sind ein Geschenk für Pflanz' und Tier.

Mit ihrer Hilfe können diese den Winter übersteh'n
und im Frühling, wenn die Sonne lacht,
werden wir sie wiederseh'n.

Der Weg in die Welt

Wie groß muss dein Leid wohl sein,
wenn du dich aufmachst in die Welt allein.
Eltern und Freunde lässt du zurück,
erhoffst in der Ferne dein großes Glück.

Bald stellst du fest, es ist nicht so, wie du gedacht,
das Heimweh plagt dich fast jede Nacht.
Neue Freunde zu finden, das ist schwer,
ihre Sprache kannst du nicht versteh'n
und darunter leidest du sehr.

Du bist bemüht, alles zu lernen und zu schaffen,
willst jedem zeigen, du kannst es raffen.
Dein Ehrgeiz treibt dich immer voran, bist bemüht und
bleibst nicht steh'n,
einmal möchtest du dich als Sieger seh'n.

Lass deine Seele tanzen

Lass deine Seele tanzen,
sie dankt dir für dieses Glück,
so blühst du richtig auf und
bekommst es tausendfach zurück.

Geh mit ihr spazieren,
durch Wiesen, Wald und Flur,
hier sammelt sie die Kraft
aus der herrlichen Natur.

Sie wird sich mit dir freuen,
bringst du die Liebe und das Licht,
ruhig und ausgeglichen wirst du sein,
wenn du nicht diesen Grundsatz brichst.

Lebenswege, die sich kreuzen

Menschen in einem Zimmer,
vor Stunden kannten sie sich noch nicht,
das Schicksal führte sie zusammen,
ihre Lebenswege, sie kreuzen sich.

Ist es auch nur für kurze Zeit,
gegenseitig machen sie sich Mut,
jeder befindet sich auf einem schmalen Pfad
und ist immer auf der Hut.

Nach Tagen trennen sich wieder ihre Wege,
sie schlagen alle eine andere Richtung ein,
doch in schweren Momenten spürten sie,
sie waren nicht allein.

Mein Engel ist dicht neben mir

Mein Engel ist dicht neben mir,
nur kann ich ihn nicht seh'n,
meine Gedanken kennt er ganz genau,
egal, worum sich diese dreh'n.

Er lässt mich alles selbst entscheiden und
werden es mal Fehler sein,
wenn ich ihn darum bitte,
dann greift er hilfreich ein.

Er nimmt sich meiner Sorgen an,
nur wenn ich es erlaub',
mein freier Wille ruft ihn dann und
sie verschwinden bald im Staub.

Für alles möchte ich ihm danken,
was er getan und wird noch tun,
komm ich dann irgendwann ins Schwanken,
hebt er mich auf, denn seine Liebe wird nie ruh'n.

Leise Worte

Leise und sanft sind deine Worte,
die du aus deinem tiefsten Inneren kannst hör'n,
deine Seele lässt sie klingen, so,
als könntest du sie spühr'n.

Dieses Gefühl ist wie ein Schweben,
du glaubst, du bist dem Himmel nah,
dein Herz wird jetzt viel schneller schlagen,
dir ist, als nimmst du es tatsächlich wahr.

Die Stärke des Lichts gibt dir ein Strahlen,
verliere dieses Leuchten nie,
die Kraft der Hoffnung wird dich immer tragen,
gib nie auf und glaub an sie.

Abschied vom Arbeitsleben

Gedanken, die mich heute begleiten,
sie sind von gemischten Gefühlen durchwirkt.
Die Ruhe und Freude steht auf meiner Seite
sowie auch die Traurigkeit, die sich verbirgt.

So nehme ich Abschied vom Arbeitsleben,
das mich hat viele Jahre geprägt.
Diese Tür schließt sich für immer,
doch eine neue öffnet sich
und ich wünsche und hoffe,
dass sich Gesundheit und Liebe dahinter verbirgt.

Ich bin nahe dran

Ganz sacht kann ich es vernehmen,
doch ist es Wahrheit oder Phantasie?
Die leisen Worte in meinen Ohren,
so bestimmt hört' ich sie nie.

Ist es von mir ein waches Träumen,
eilen meine Gedanken mir weit voraus?
Will mein Engel mir jetzt sagen,
pack dein Leben an und wache endlich auf?

Vieles kann ich nicht verstehen,
doch eines weiß ich ganz gewiss,
die Kräfte, die mich immer leiten,
sie lassen mich niemals im Stich.

Ich frage mich, was wird geschehen,
wenn ich meinen Weg nicht finden kann,
doch kenne ich die Liebe und weiß, was mich erfüllt,
ich glaub', dann bin ich nahe dran.

Alles nimmt seinen Lauf

Der Winter verabschiedet sich noch lange nicht,
doch der Frühling kämpft und zeigt sein Gesicht.
Die ersten Blumen drängen sich durch den Schnee,
Pollen fliegen, ohne dass ich sie auch seh'.

Aus dem Wolkenbett kommt die Sonne hervor,
mit ihren Strahlen weckt sie die schlafende Natur.
Ihre Wärme sehnen wir alle herbei,
denn nur durch sie gibt der Winter seinen Platz frei.

Viele Tage werden noch von Eis und Kälte bestimmt,
auch wenn der Winter will nicht weichen,
doch den Frühling hält er nicht mehr auf,
denn alles nimmt schon seinen Lauf.

Nie mehr will ich dich verlieren

Ich stand immer auf der Sonnenseite,
hab mich um vieles nicht gekehrt,
alles war so selbstverständlich,
auch, dass du mich hast beschert.

Plötzlich schwanden meine Kräfte,
die Zuversicht machte sich rar,
ich glaubte, ohne dich zu bitten,
wärst du trotzdem für mich da.

Nun hast du mich wohl ganz vergessen,
so wie ich es bereits tat,
doch jetzt, wo es mir schlecht geht,
such ich wieder deinen Rat.

Dir möchte ich erneut mich nähern,
damit auch ich mich finden kann,
mit deiner Hilfe wird sich mein Blatt wenden
und dann pack ich es noch einmal an.

Nie mehr will ich dich verlieren,
sonst verliere ich mich selbst im Nu,
lass mich alles Wichtige erkennen,
denn was am Ende zählt, das weißt nur du.

Aufrecht gehen

Auf sicheren Beinen stehst du im Leben,
wie ein Außenseiter fühlst du dich dabei,
willst in deiner Arbeit alles geben,
hast für dich selbst keinen Moment frei.

So verlierst du langsam deine Kräfte,
deine Seele kann die Liebe nicht mehr spür'n,
dunkel wird es in deinem Herzen, es wird Zeit,
du musst jetzt daran rühr'n.

Zu lange schon ist der Schmerz dein Eigen,
du nimmst ihn für dich gar nicht wahr,
sei ehrlich und gestehe es dir ein,
sonst bringst du dich selbst in Gefahr.

Nutze einfach die Kraft der Liebe,
mit ihr wirst du stets aufrecht geh'n,
das Dunkle wird nicht länger siegen –
glaub daran, du allein wirst es bald seh'n.

Durch die Liebe leben

Jeder Herzschlag will dir sagen,
dass du nur durch die Liebe wirklich lebst,
lass sie nie in dir versiegen,
sie sollte es sein, wonach du strebst.

Liebe geben und empfangen,
verbreitet Freude nur in dir,
strahlende Augen und ein Lächeln,
das verlierst du dann nie mehr.

Deine Ketten wirst du sprengen,
die dich heut' noch fesseln woll'n,
aus dem Schatten wirst du treten
und bringst alles für dich ins Roll'n.

Du selbst bist sehr verwundert,
bekommst durch die Liebe eine neue Sicht,
deine Seele wird gestärkt und
aus der Dunkelheit erstrahlt das Licht.

Der Winter verliert sein Reich

Der Winter kann nicht lang mehr bleiben,
der Frühling ist erwacht,
das erste Grün in den Wäldern,
es schimmert schon ganz sacht.

Wie ein riesengroßer Teppich
blühen die Anemonen in zartem Weiß,
jedes Jahr zu dieser Zeit
verliert der Winter nun sein Reich.

Vereinzelt zeigt er sich jetzt in den Nächten,
sein frostiger Schleier fällt zur Erde weit,
auch wenn er noch so lange kämpft,
seine Kraft steht ihm bald nicht mehr zur Seit'.

Die inneren Grenzen

Bist du jung, dann fragst du dich,
hast du deine inneren Grenzen schon erreicht?
Du wirst nachdenklich und machst dich auf den Weg,
wo du findest den Vergleich.

Schon setzt du für dich große Ziele,
strebst sie mit voller Kraft auch an,
willst immer dein Bestes geben,
weil man sie nur so erreichen kann.

Vom Aufgeben bist du stets entfernt,
willst vieles lernen und versteh'n,
doch mit den Jahren wirst du es erkennen,
dass du deine Grenzen jetzt nicht mehr kannst überseh'n.

Schalte einen Gang zurück,
es kann sehr hilfreich sein,
du musst doch nicht erst stolpern,
teil vorher deine Kräfte ein.

Schau der Wahrheit ins Gesicht

Verkaufe deine Seele nie,
schon gar nicht für Macht und Geld,
sag offen deine Meinung,
auch wenn es anderen Menschen nicht gefällt.

Die Ehrlichkeit möge dich immer begleiten,
das reine Gewissen gesellt sich dazu,
es plagen dich keine dunklen Gedanken
und die Nächte bringen dir die Ruh'.

Glaube an die kleinen Wunder,
die den Tag für dich erhell'n,
sei stets aufrichtig zu dir selbst
und du brauchst dich nicht verstell'n.

Viel Mut gehört oft schon dazu,
um der Wahrheit ins Gesicht zu seh'n,
versuche so stark zu sein,
damit du diesen Weg kannst geh'n.

Sei auch für dich selber da

Die Last, die man dich tragen lässt,
erdrückt dich immer mehr,
jedem es auch recht zu machen,
das ist schon sehr schwer.

Hast für dich nur wenig Zeit,
lass dies nicht mehr gescheh'n,
stell dich selber nie beiseit',
da willst du dich doch nicht seh'n.

Gönn dir einige schöne Stunden
und tu' das, was dir gefällt.
Bald schon stellst du für dich fest,
dass dein Herz sich schnell erhellt.

Suche einfach nur die Freude,
mach das Lachen niemals rar,
es ist immer gut zu helfen,
doch sei auch für dich selber da.

Der Sommer ist da

Der Himmel zeigt sein schönstes Blau,
die Sonne lacht dazu,
die Bienen fliegen hin und her,
finden noch lange keine Ruh'.

Mit einer großen Pracht von Farben
stellt sich der Sommer uns jetzt vor,
dem Duft der Blumen kann keiner entgehen,
denn er hat weit geöffnet schon sein Tor.

In den Wäldern und Wiesen erblicken wir,
wie lebendig sich die Natur uns zeigt.
Wir erspähen, beim emsigen Treiben
entsteht auch manchmal Streit.

Ziehen an warmen Sommertagen
dunkle Wolken übers Land,
tränkt der Regen die trockne Erde und
füllt Bäche und Flüsse bis zum Rand.

Gedanken

Gedanken, die sich sanft mit dir vereinen,
geben dir ein weiches Ruhekissen für die Nacht,
sie wollen dir einfach damit sagen,
du hast heute alles richtig gemacht.

Mit ihnen schwebst du in den Wolken,
erlebst noch einmal die Freude vom Tag,
möchtest keine Stunde missen,
mit viel Mut hast du alles gewagt.

Für die Erfüllung deiner Träume
hast du dich oft geplagt,
sie sollen nicht wie eine Seifenblase platzen,
das hast du dir stets gesagt.

Den Glauben hast du nie verloren,
auch nicht bei Hoffnungslosigkeit,
du hieltest immer an ihm fest
und der Erfolg war nicht mehr weit.

Mein Schutzengel ist auf der Hut

Hab es heut mal wieder eilig,
wie es oft schon bei mir war,
lasse alles stehn und liegen,
mein Termin ist in Gefahr.

Gehe schnell mit großen Schritten,
wie könnt es auch anders sein,
schau mich dann noch einmal um
und steig rasch ins Auto ein.

Freundliche Augen blicken mir entgegen,
sie ziehen mich in ihren Bann,
ein Fremder steht vor mir und fragt,
ob ich ihm helfen kann.

Ich konnte mich ihm nicht entziehen,
meine Hilfe war gewiss,
doch ich wusste nun,
dass meine Zeit jetzt auch verstrich.

Der Fremde dankte,
ich zog mich zurück.
Später habe ich erkannt,
dieser Zufall war mein Glück.

Ein Unfall trug sich in der Nähe zu,
ich kann es heut noch nicht versteh'n,
mein Schutzengel war auf der Hut,
hat alles schon vorausgeseh'n.

Jeden Tag steht er mir bei,
auch wenn ich glaub, er ist nicht da,
es hat alles seinen Sinn,
egal, was noch geschehen wird und auch geschah.

Den Glauben bewahren

Ganz behutsam kamst du in mein Leben,
lange Zeit dachte ich, du willst mich nicht seh'n,
doch dann hast du mich behütet vor Gefahren,
erst jetzt wusste ich, du kannst mich versteh'n.

Du musst dich nicht beweisen,
damit ich den Glauben an dich stets bewahr',
tief im Herzen kann ich deine Liebe spüren,
denn sie ist wie ein Kristall so klar.

Will nie mehr an dir zweifeln,
bist zur Stelle, wenn ich nach dir ruf',
wirst helfen,
dass ich meine Lebensaufgabe finde
und nicht mehr nach ihr such'.

Die kleinen Wunder

Gib nicht auf zu glauben,
dass noch Wunder werden gescheh'n,
wenn du sie nicht mehr erhoffst,
kannst du sie viel besser seh'n.

Kommen sie dann auf dich zu,
fang sie mit beiden Händen auf,
alles hat im Leben seinen Sinn,
auch des Wunders jetziger Verlauf.

Ist die Zeit für dich gereift,
löst sich dieses Rätsel bald,
auf Fragen erhältst du Antworten,
wie ein Sonnenstrahl aus einem dichten Wald.

Dann wirst du es verstehen,
auch wenn dein Herz heut' noch nicht lacht,
es sind die vielen kleinen Wunder,
die dich haben stark gemacht.

Der Schlüssel liegt oft im Verborgenen

Hör zu und mach die Augen auf,
wenn du die Menschen willst versteh'n,
oft liegt es im Verborgenen,
was wichtig ist, zu seh'n.

Hast du den Schlüssel erst gefunden,
weißt du schon heut, was richtig ist,
du bist bereit zu helfen und
lernst mit sehr viel Zuversicht.

Bald hast du es für dich erkannt,
du entscheidest oft anders als vorher,
wenn du selbst davon betroffen bist,
und das erschreckt dich doch schon sehr.

Spätestens jetzt hast du's begriffen,
wie es um den anderen steht,
du stärkst ihn mit Worten.
Kämpfe, sonst findest du nie deinen Weg.

Lass dich nicht beirren

Menschen mit zwei Gesichtern,
hüte dich vor ihnen sehr.
Sie sprechen zu dir von Freundschaft
und machen dir das Leben schwer.

Sie lächeln und sie schmeicheln
zu freundlich für deinen Geschmack,
höre nun auf dein Herz,
denn es lehnt diese Menschen ab.

Hast du es erst erkannt,
das ungeheure Spiel,
lass dich von keinem mehr beirr'n,
nur so verfehlst du nicht dein Ziel.

Nimm lieber auf deinem Weg
einmal ein hartes Wort in Kauf,
ist es ehrlich gemeint,
verkraftest du es auch.

Schon wird es auf dich wirken,
zum Nachdenken bist du bereit,
deinen Fehler räumst du aus
und verhinderst dadurch Streit.

Zusammen sind wir stark

Reich mir einfach deine Hand,
erst dadurch sind wir wirklich stark,
wir können zusammen viel mehr schaffen,
was einer alleine nie vermag.

Schon lernen wir die Freundschaft kennen,
die nicht nur hält für kurze Zeit,
das starke Band wird niemand sprengen,
solange es keiner zerreisst durch Streit.

Trennen uns auch viele Meilen,
ist es heut schon sonnenklar,
gibt es einmal Schwierigkeiten,
ist jeder für den anderen da.

Der Weihnachtsmann kann nicht alles schenken

Dass Wünsche in Erfüllung gehn,
davon träumst du in mancher Nacht,
ob der Weihnachtsmann das bringt,
was dir große Freude macht?

Doch alles vermag er nicht zu geben,
für vieles stehst du alleine ein.
Deine Liebe kann man für kein Geld kaufen,
die verschenkst du ganz allein.

Sie strahlt viel heller als die Kerzen,
die ihre Wärme verbreiten in unsere Welt.
Die glänzenden Augen der Kinder bringen dir Freude,
ohne dass du sie hast beim Weihnachtsmann bestellt.

Öffne dich mit deinem Herzen,
nicht nur in der Weihnachtszeit,
lass das Licht von innen leuchten,
jedermann sieht es in der Ferne weit.

Der Winter

Das Thermometer zeigt den Winter an,
seine Kräfte können wir schon spühr'n,
die eisigen Winde fegen übers Land
und lassen unsere Nasen frier'n.

Wir schauen nun zum Himmel hoch,
obwohl die Sonne jetzt noch lacht,
es ziehen graue Wolken heran,
wir beobachten diese mit Bedacht.

Ganz leise fallen schon kleine Flocken,
wir können sie kaum sehn,
in kurzer Zeit entsteht ein wilder Tanz,
in dem die Eiskristalle weh'n.

Die Natur wartet seit Tagen schon,
dass sie vom Schnee wird sanft bedeckt,
sie kann dann ruhig schlafen
und wird von den
ersten Sonnenstrahlen wieder geweckt.

Vorurteile

Lass deine Vorurteile außer Acht,
willst du die Menschen richtig sehn,
du schätzt sie oft ganz anders ein,
wenn du sie wirst verstehn.

Gehe einfach auf sie zu,
auch wenn du sie nicht gleich begreifst,
ein Urteil kannst du doch erst fällen,
wenn deine Erkenntnisse sind gereift.

Schaust du dabei erst tiefer hin,
erblickst du eine Mauer bald,
dahinter klopft ein aufrichtiges Herz,
was dir immer steht zur Seit'.

Die Meinungen der anderen
müssen nicht immer richtig sein,
lass dich niemals blenden,
von einem falschen Schein.

Freunde

Oft lerntest du andere Menschen kennen,
über dein Leben wachte ein guter Stern,
doch plötzlich
musstest du deinen unbeschwerten Weg verlassen
und die tiefe Traurigkeit ist nicht mehr fern.

Nun setzt du vage auf deine Freunde,
davon waren nur noch einige an der Zahl,
die meisten hatten keine Zeit mehr
und vertrösteten dich auf ein anderes Mal.

Doch die wenigen, die noch blieben,
gaben dir Kraft und Zuversicht,
sind für dich da, wenn du sie brauchst
und das vergisst du ihnen nicht.

Wer dich bestärkt in schlechten Zeiten,
seine Hand dir reicht, damit du nicht fällst,
kannst du sicher einen wahren Freund nennen,
den du in schwierigen Lebensphasen auch behältst.

Die Heimat in deinem Herzen

Gut und Geld kannst du verlieren,
auch wie du dir dein Leben hast vorgestellt,
doch die Heimat lässt du dir nicht nehmen,
die trägst du in dir selbst.

Wirst du getrennt von deinen Lieben,
die Gedanken werden oft bei ihnen sein,
sie sind der Halt in der Not
und geben dir das Gefühl, du bist nie allein.

Auch die Natur in aller Schönheit,
spielt der Wind mit dem Wasser im Sonnenschein,
die blühenden Wiesen und die Pracht im Winter,
all diese Bilder prägen sich in deinem Herzen ein.

So bist du tief mit dem verbunden,
was dich im Inneren stets berührt,
diese Liebe wird dich immer begleiten
auf deinem Weg, egal, wohin er dich auch führt.

Die Stimme der Frau

Die Stimme der Frau
wirkt oft sehr verschwiegen.
Sie klingt hilflos
und kann sich schnell im Winde verlieren.

Doch haben es die Frauen
gelernt schon bald,
ihren Worten Kraft zu verleihen
und stehen somit den Männern zur Seit'.

Nicht immer will man ihren Taten
Anerkennung schenken,
nicht sehn,
wie sie alles in die richtigen Bahnen lenken.

Auch ohne Wertschätzung
geben sie nicht auf.
Sie behüten den Weg ihrer Kinder,
damit dieser nimmt einen guten Verlauf.

Dadurch halten sie ihren Männern
den Rücken frei.
Hört aufmerksam hin,
dann vernehmt ihr auch ihren leisen inneren Schrei.

Das Fundament

Das Fundament der Zukunft,
was könnte das wohl sein?

Unsere Kinder,

auch wenn sie heute sind noch klein.

Wir sollten sie gerüstet ins Leben schicken,
damit sie vieles können besser verstehn,
geht es doch einmal daneben,
werden wir es rechtzeitig drehn.

Ihre Fehler werden sie machen,
wir haben es eben so getan,
lernen werden sie daraus,
so wie wir es stets auch sahn.

Viel zu schnell sind sie erwachsen,
werden ihre eigenen Wege gehn,
doch das Fundament
bleibt mit ihren Kindern sicher bestehn.

Ich frage mich,
was kann es neben der Gesundheit
Wichtiges noch geben?
Unsere Kinder,
denn nur in ihnen werden wir weiter leben.

Wacht auf !

Das Weinen der Menschen
ist auf dieser Erde laut zu vernehmen.
Hunger und Not werden uns niemals
die gewünschte Eintracht geben.

So strecken einige ihre Hände nur aus
nach Macht und Geld,
halten dieses fest,
auch wenn ein ganzes Volk dadurch fällt.

Wacht auf
und nehmt die Demütigungen nicht länger in Kauf,
Parasiten muss man nicht dulden,
doch sie werden uns immer was schulden.

Umwege

In Freude und Glück
möchte jeder stets schweben
und das Lied der Traurigkeit
niemals vernehmen.

Es schleicht sich ein,
was wir gar nicht woll'n,
ist einfach da
und du kannst es nicht einmal groll'n.

Versuche dein Bestes daraus zu machen,
es kommen wieder andere Tage,
die dich verleiten zum Lachen.

Das Dumme ist,
deinen Umweg kannst du nicht einmal sehn,
doch blickst du zurück,
wirst du alles verstehn.

Dein Schicksal
lässt keinen Lebensabschnitt aus,
du musst ihn bestehn,
ist er noch so schwer und kommen Zweifel auf.

Erst die Zukunft kann dir sagen,
ob du es gepackt,
zu entscheiden war oft schwer,
doch heute weißt du, du hast alles richtig gemacht.

Die schöne Weihnachtszeit

Der Tag beginnt mit Sonnenschein,
das Wetter wird sich bald schon drehn,
der Wind treibt graue Wolken heran,
aus denen wir die Schneeflocken tanzen sehn.

Die Menschen hält es nicht im Haus,
die Straßen sind jetzt voll belebt,
alle haben es sehr eilig und
suchen nach Geschenken sehr bestrebt.

Tannenbäume sind geschmückt,
das Licht der Kerzen sehn wir weit,
mit Freude füllt sich unser Herz,
wie schön ist doch Weihnachtszeit.

Überall auf dem Weihnachtsmarkt
duftet es nach Leckerein,
alte und auch neue Lieder
stimmen uns auf das Fest schon ein.

Der Heiligabend nähert sich,
Besinnlichkeit stellt sich bald ein,
es ist der Zauber dieser Nacht,
in der wir sind nicht gern allein.

Heimat

Der Ort, wo ich geboren,
geht mir nicht aus dem Sinn,
steh am Ufer und schau in die Ferne,
diese Bilder stecken tief in mir drin.

Die Natur mit ihrer Schönheit
zieht jeden in ihren Bann,
wirst du diese einmal lieben,
kommen deine Gedanken hier immer wieder an.

Die Menschen, die dort leben,
mit ihren Worten sind sie oft sehr rar,
lernst du sie erst näher kennen,
ist das bald nicht mehr wahr.

Sie schließen nicht gleich feste Freundschaft,
haben sie es einst getan,
hält diese dann für immer,
wie wir es selten doch nur sah'n.

Der Landstrich, der mich begeistert,
den nennt jeder nur Meck-Pomm,
du kannst mich erst verstehn,
wenn du die Sonne hier
hast auf- und untergehen sehn.

Frei sein

Frei sein, so wie der Wind,
ich frage mich,
ob es Glück dir bringt?

Frei sein, heute hier und morgen dort,
für eine Freundschaft nicht lange an einem Ort.

Frei sein, bloß sich nicht binden,
so kannst du schneller wieder verschwinden.

Frei sein, deine Liebe willst du nicht verschenken
und nach einem Streit einlenken.

Frei sein, heißt auch allein
und willst du das für immer sein?

Höre und sehe richtig hin

Immer wieder kannst du neue Berichte
in den Zeitungen lesen,
durch ständige Zusagen hofft man,
es wird sich schon bald etwas regen.

Doch meinen einige Menschen auch das,
was sie heute sagen
und stehen dazu,
wenn wir sie später danach fragen?

Darum höre und sehe richtig hin,
nur so kannst du die Wahrheit
hinter den Worten erkennen,
oft bringen sie diese
nicht immer deutlich ins Rennen.

Sie versprechen sehr viel,
werden sie es auch halten?
Du weißt es,
mit Unwahrheiten lässt sich kein Sieg
auf lange Zeit gestalten.

Engel der Nacht

Der Tag ist längst dem Abend näher,
die Gedanken liegen auf dir schwer,
du kommst einfach nicht zur Ruhe,
eine Entscheidung muss jetzt her.

Du schließt gestresst die schweren Augen,
suchst dein inneres Gleichgewicht,
erhoffst dir einen tiefen Schlaf,
der dich stärkt in deiner Sicht.

Dein Engel der Nacht schenkt dir die Träume,
wiegt dich sanft in Liebe ein,
er nimmt dir schnell die Last des Tages
und lässt erscheinen sie ganz klein.

Erwachst du dann am nächsten Morgen,
weißt du,
was für dich richtig ist
und alle deine Sorgen
stehen nun in einem anderen Licht.

Die Glocken der Liebe

Die Glocken der Liebe
möchtest du gerne hören,
bist ganz still,
willst sie nicht bei ihrer Arbeit stören.

Ihr Läuten soll klingen
in die Welt hinaus,
über die Dächer,
bis es erreicht auch das kleinste Haus.

Bei ihrem Klang
denkst du nicht an Gut und Geld,
nur Freude dringt in dein Herz,
was sich jetzt schnell erhellt.

Diesem Gefühl kann sich keiner entziehn,
auch nicht der reichste Mann,
wie arm er doch wär,
wenn ihn die Liebe nicht mehr erreichen kann.

So soll es sein

Dein Engel freut sich,
es wird nie anders sein,
räumst du der Liebe
einen Platz in deinem Herzen ein.

Du siehst die Tage
im anderen Licht,
genießt die Zeit,
strahlst über das ganze Gesicht.

Schon öffnest du dich,
kannst dein Glück erkennen
und deine Seele
wird das Dunkle schnell verdrängen.

Deine Augen leuchten,
so soll es weitergehn,
drehst dich nicht mehr um,
willst nur noch nach vorne sehn.

Adventszeit

Klirrende Kälte kannst du jetzt schon spüren,
der Winter nimmt seinen Platz längst ein,
Schneestürme fegen übers Land,
jeder möchte schnell zu Hause sein.

Im Kamin lodert das Feuer,
gemütlich wird es in jedem Raum,
in der Küche duftet es nach Plätzchen
und so manchem süßen Traum.

Die Heimlichkeit macht sich nun breit,
die Adventszeit öffnet ihre Tür,
es leuchtet die erste Kerze,
bald sind es ihrer vier.

Du lädst dir liebe Freunde ein,
es ist besinnlich und nicht laut,
der Gesang von Weihnachtsliedern,
dieses Gefühl geht unter die Haut.

Könntest du dir jetzt was wünschen,
wäre es nicht Reichtum, auch kein Geld,
Gesundheit, Glück, Zufriedenheit
ist das, was dir gefällt.

Dein Engel führt und wacht

Dein Engel führt dich durch den Tag,
auch in der Nacht wacht er bei dir,
du wirst ihn bald erkennen,
klopft er an deine Tür.

Die Liebe kommt nun in dein Leben,
du wünschst dir, es soll immer so sein,
deine Sorgen nehmen ab,
du stolperst nicht mehr über jeden Stein.

Er begleitet dich, wohin du gehst,
hilft dir und passt auch auf,
es wird alles so geschehn,
dass dein Schicksal
nimmt einen guten Verlauf.

Mit Zuversicht und Hoffnung
verschafft er dir die Kraft,
kommst du in ein tiefes Tal,
dass du den Aufstieg wieder schaffst.

Inhaltsverzeichnis

	Seite
Vorwort	5
Vertraue Gott, er ist in dir	7
Mein Engel	8
Menschen, die nach dem Äußeren entscheiden	9
Besinn dich	10
Gesundheit	11
Öffne deine Augen	12
Menschen, die sich nahe steh'n	13
Bankhaie	14
Solange wir noch träumen	15
Ein stürmischer Tag	16
Vertrau deine Seele	17
Die Natur erwacht	18
Mein Schutzengel	19
Meine Seele geht auf Reisen	20
Eine Wanderung durch die Natur	21
Mein Herz, es nimmt die Liebe auf	22
Ein Stern geht gerade auf	23
Der Schneemann mit der roten Nase	24
Mein Engel reicht mir seine Hand	25
Die Natur, sie kann uns so viel geben	26
Glaub' an das Gute im Menschen	27
Ein Tag im Sommer	28
Prüfungen des Schicksals	29
Erkenne dein Glück	30
Das Schiff des Lichts	31
Der Herbst	32
Gib dir eine Chance	33
Leg deine Träume nicht in Ketten	34
Weihnachten bin ich zu Haus	35
Meine Gedanken finden den Weg zu dir	36

	Seite
Die Nacht hebt langsam ihren Schleier	37
Verzeihen	38
Wir sind Gäste auf der Erde	39
Das Glück vergisst dich nicht	40
Vertrauen	41
Heiligabend	42
Du hüllst mich ein in Liebe	43
Fehler eingestehen	44
Tränen der Hoffnung	45
Der Sturm	46
Das verlorene Lachen	47
Der Glaube versetzt Berge	48
Der Neid	49
Harmonie	50
Du bist der Antrieb	51
Die Sonnenfinsternis	52
Die Angst	53
Lebe dein Leben	54
Freund und Ratgeber	55
Vollmond	56
Verloren und wiederfinden	57
Unrecht	58
Schmerz	59
Schau dich um auf dieser Welt	60
Die Liebe ist die stärkste Macht	61
Alleinsein	62
Der Sommer	63
Die Liebe als dein Geschenk	64
Größe zeigen	65
Das Schicksal	66
Bestimmung	67
Denk nicht nur an dich	68

	Seite
Verliere nicht deinen Weg	69
Du kannst keine Liebe geben	70
Träume	71
Sei stark	72
Die Natur tanzt	73
Der Weg in die Welt	74
Lass deine Seele tanzen	75
Lebenswege, die sich kreuzen	76
Mein Engel ist dicht neben mir	77
Leise Worte	78
Abschied vom Arbeitsleben	79
Ich bin nahe dran	80
Alles nimmt seinen Lauf	81
Nie mehr will ich dich verlieren	82
Aufrecht gehen	83
Durch die Liebe leben	84
Der Winter verliert sein Reich	85
Die inneren Grenzen	86
Schau der Wahrheit ins Gesicht	87
Sei auch für dich selber da	88
Der Sommer ist da	89
Gedanken	90
Mein Schutzengel ist auf der Hut	91
Den Glauben bewahren	92
Die kleinen Wunder	93
Der Schlüssel liegt oft im Verborgenen	94
Lass dich nicht beirr'n	95
Zusammen sind wir stark	96
Der Weihnachtsmann kann nicht alles schenken	97
Der Winter	98
Vorurteile	99
Freunde	100
Die Heimat in deinem Herzen	101

	Seite
Die Stimme der Frau	102
Das Fundament	103
Wach auf!	104
Umwege	105
Die schöne Weihnachtszeit	106
Heimat	107
Frei sein	108
Höre und sehe richtig hin	109
Engel der Nacht	110
Die Glocken der Liebe	111
So soll es sein	112
Adventszeit	113
Dein Engel führt und wacht	114

Margot Schultz, geb. 1952 in Altwarp, arbeitete nach ihrem Schulabschluß und ihrer Berufsausbildung bis zu ihrem heutigen Ruhestand in Wohnungsunternehmen der Stadt Neubrandenburg.

Ich möchte mich ganz herzlich bei allen bedanken, die mir Mut und Kraft gaben und somit zum Gelingen des Buches beigetragen haben.
Einen ganz besonderen Dank meinem Mann, meinen Kindern Ines und Matthias sowie Barbara und Volker Schmidt, Thomas Friesecke, Heike Jähn und Lieselotte Voß.